經典
少年遊

005

後漢書

由盛轉衰的東漢

Book of Later Han
The Rise and Fall of Eastern Han

繪本

故事◎王蕙瑄
繪圖◎李莎莎

漢朝歷經王莽之亂後，
遷都到洛陽為東漢，又叫「後漢」。
南朝劉宋的史學家范曄，
寫下了《後漢書》，
記述東漢的復興與衰敗。
其中，真正把東漢王朝導向衰亡的，
是在漢桓帝時發生的「黨錮之禍」。

東漢質帝本初元年，
十五歲的蠡吾侯劉志，奉梁太后的旨意，
帶著迎親隊伍到京城來，
準備迎接他的新娘子——梁太后的妹妹。
可是就在這個時候，朝廷發生了大事。

5

原來，年僅八歲的當朝皇帝，
漢質帝突然駕崩。
原因是他罵把持朝政的國舅
梁冀為「跋扈將軍」。
梁冀害怕小皇帝太聰明，
不好掌控，乾脆下藥把他毒死。

6

國舅和太后為了自己的地位穩固，
商量的結果，
決定擁立他們的新妹夫蠡吾侯劉志為皇帝。
於是， 只有十五歲的劉志，
突然當上了漢桓帝。

桓帝即位以後，

發現自己只是太后和國舅的傀儡。

他們掌握朝政，

而自己除了當一個享樂的皇帝，

一點權力也沒有。

於是事事小心謹慎，

甚至除了梁皇后， 不敢親近其他的嬪妃，

以避免自己遭到像質帝一樣的命運。

梁冀行為霸道跋扈，
安排許多眼線在皇帝身邊，
皇帝非常怕他。
後來，梁太后病死，
桓帝覺得自己的機會來了，
開始不把梁皇后放在眼裡，
皇后又善於嫉妒，毒害其他嬪妃，
使得桓帝更不喜歡她。
過沒幾年，梁皇后憂憤而死。

14

此時，桓帝很喜歡美女鄧貴人，
梁冀想掌控皇帝身邊新的美女，
於是派刺客去殺鄧貴人的家人。
鄧貴人的母親逃入皇宮，向桓帝哭訴，
桓帝氣得發抖：
「欺負到朕心愛的女人，
真是豈有此理！」

於ㄩˊ是ˋ桓ㄏㄨㄢˊ帝ㄉㄧˋ偷ㄊㄡ偷ㄊㄡ在ㄗㄞˋ上ㄕㄤˋ廁ㄘㄜˋ所ㄙㄨㄛˇ的ㄉㄜ˙時ㄕˊ候ㄏㄡˋ，
召ㄓㄠˋ喚ㄏㄨㄢˋ太ㄊㄞˋ監ㄐㄧㄢ唐ㄊㄤˊ衡ㄏㄥˊ，問ㄨㄣˋ他ㄊㄚ：
「還ㄏㄞˊ有ㄧㄡˇ哪ㄋㄚˇ些ㄒㄧㄝ人ㄖㄣˊ討ㄊㄠˇ厭ㄧㄢˋ國ㄍㄨㄛˊ舅ㄐㄧㄡˋ梁ㄌㄧㄤˊ冀ㄐㄧˋ？」
唐ㄊㄤˊ衡ㄏㄥˊ一ㄧ一ㄧ點ㄉㄧㄢˇ名ㄇㄧㄥˊ五ㄨˇ位ㄨㄟˋ曾ㄘㄥˊ經ㄐㄧㄥ對ㄉㄨㄟˋ梁ㄌㄧㄤˊ冀ㄐㄧˋ或ㄏㄨㄛˋ梁ㄌㄧㄤˊ家ㄐㄧㄚ不ㄅㄨˋ滿ㄇㄢˇ，
懷ㄏㄨㄞˊ恨ㄏㄣˋ在ㄗㄞˋ心ㄒㄧㄣ的ㄉㄜ˙太ㄊㄞˋ監ㄐㄧㄢ宦ㄏㄨㄢˋ官ㄍㄨㄢ。
這ㄓㄜˋ下ㄒㄧㄚˋ子ㄗ˙與ㄩˇ桓ㄏㄨㄢˊ帝ㄉㄧˋ一ㄧ拍ㄆㄞ即ㄐㄧˊ合ㄏㄜˊ，
準ㄓㄨㄣˇ備ㄅㄟˋ舉ㄐㄩˇ事ㄕˋ推ㄊㄨㄟ翻ㄈㄢ梁ㄌㄧㄤˊ冀ㄐㄧˋ。

在他們的密謀籌劃下，
終於成功的以謀反的罪名，
推翻了梁冀，
並且把梁氏外戚一族
以及跟他要好的大臣們，
統統處決或下獄。

梁氏外戚被處決，
天下震動歡欣。　沒想到，
有功的五位太監被封為侯，
成為朝廷的新勢力。
這「五侯」掌握官員的任用、欺壓百姓，
甚至開放用金錢買賣官職。
朝廷風氣變得比
梁氏掌權的時候還要敗壞。

太監們不但自己掌權作惡，
他們的家人也紛紛封賞官職，
在地方為非作歹。
就像太監張讓的弟弟張朔，
在河南當縣長，貪汙殘暴，
甚至殺害孕婦，百姓們都敢怒不敢言。

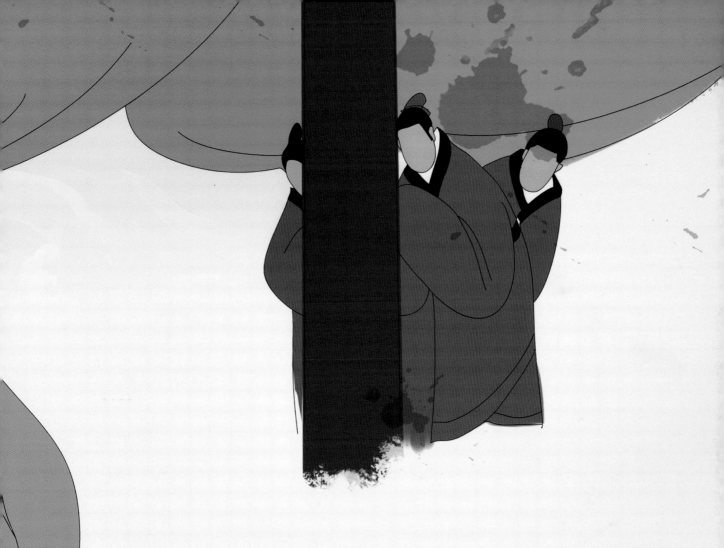

擔任司隸校尉的李膺聽說這件事，
非常憤怒，率領士兵捉拿張朔。
張朔知道李膺是天下有名的嚴正清官，
嚇得逃到哥哥張讓的府第，藏在密室裡。
李膺命人鑿開密室，
逮捕張朔審查問罪，直接誅殺。

張讓恨李膺殺了他弟弟，
進宮向桓帝哭訴，
桓帝召見李膺詢問事情的緣由。
李膺理直氣壯的敘述了張朔的殘暴罪行，
嚴正坦然的態度讓桓帝無話可說，
只好指責張讓：
「誰教你弟弟觸犯法律！」

於是，朝廷分成了兩派人馬。
一派是像李膺這樣的知識分子，
痛恨太監們的惡行，
常常上書勸皇帝疏遠太監。
另一派是以「五侯」為首的太監們，
為了掌權，還編造罪名，
把知識分子稱為「黨人」。

其實，桓帝還是比較相信從小在他身邊
服侍、又幫助他勦滅梁氏家族的太監們。
在讒言的鼓吹下，桓帝開始迷戀後宮裡
無數的美女，放任太監們在外面做壞事，
只知道寵幸美女，連皇后也換到第三個。

有一次，
洛陽人張成仗著自己與太監交情好，
又曾經為桓帝算命，
他聽說朝廷將頒布特赦令，
就放任他的兒子濫殺無辜。
特赦令，就是赦免犯罪之人，
張成父子有恃無恐的殺人行為，
傳到了司隸李膺的耳裡。

32

李膺按照法律逮捕張成父子，可是朝廷果然頒布了特赦令，李膺認為張成父子故意鑽法律漏洞，罪無可赦，便處斬了張成父子。太監們覺得李膺這些黨人處處與他們作對，非常生氣，便密謀誣陷。

這次，太監們誣告黨人說朝廷壞話、意圖謀反。桓帝剛享受權力不久，最討厭有人謀反，氣得下令大肆搜捕亂黨，被牽連下獄的包括李膺、杜密、范滂這些有名的知識分子，大約有兩百多人。

這個事件被稱為第一次黨錮之禍。後來，桓帝的岳父貴族竇武出面求情，加上審問過程中，許多太監的壞事被說出來，太監們擔心事情擴大，才終於以日蝕為藉口請桓帝頒布特赦，釋放黨人。

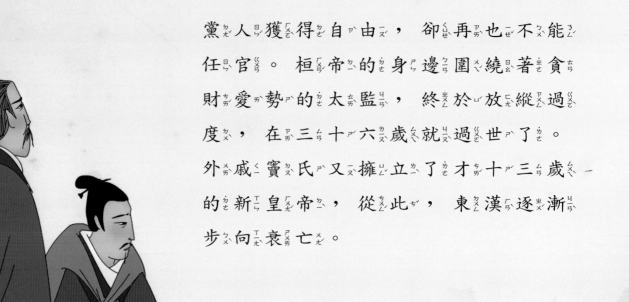

黨人獲得自由，卻再也不能任官。桓帝的身邊圍繞著貪財愛勢的太監，終於放縱過度，在三十六歲就過世了。外戚竇氏又擁立了才十三歲的新皇帝，從此，東漢逐漸步向衰亡。

後漢書

由盛轉衰的東漢

讀本

原典解說◎王蕙瑄

**與後漢書
相關的⋯⋯**

44　人物

46　時間

48　事物

50　地方

走進原典的世界

52　漢桓帝

56　李膺

60　范滂

64　張讓

編後語

68　當後漢書的朋友

69　我是大導演

被稱為「良史」、編撰《後漢書》的范曄，
有哪些人與他有關呢？

南朝宋的史學家（398～445年），字蔚宗，順陽（今河南浙川縣）人。他剪裁前人各種版本，重新寫成《後漢書》。後人給這本書很高的評價，把它和《史記》、《漢書》、《三國志》合稱為「四史」。但范曄因為牽涉謀反罪而下令被殺，生前只寫完「本紀」和「列傳」的部分。現在《後漢書》中的「志」，是採用司馬彪《續漢書》的內容。

范曄

TOP PHOTO

相關的人物

班固

范泰

東漢著名的史學家，出身史學世家。他在父親班彪《史記後傳》的基礎上，開始編寫《漢書》。後來獲得皇帝的支持，在他死後甚至要他妹妹班昭繼續完成。《漢書》是中國第一部斷代史，也為後代建立了良好的寫作體例。范曄《後漢書》也是依循著《漢書》的體例規範來寫的。

范曄的父親。他在東晉擔任東陽太守的時候，正好碰上盧循作亂反抗朝廷。之後他幫助劉裕順利打敗盧循，因此受到劉裕的信任。在劉裕開創建立南朝宋後，獲得重用。一生博覽群書，著有《古今善言》文集。

范寧的祖父，東晉經學家，當過豫章太守。他推崇儒家的學問和思想，反對當時流行的玄學。寫下《春秋穀梁傳集解》，共十二卷，是現存最早的《穀梁傳》注解，學問精深，相當受到肯定，後來被清朝的阮元收入《十三經注疏》中。

范曄的朋友，和他一起撰寫《後漢書》，主要負責「志」的部分。但是當范曄被殺時，他害怕自己被波及，為了避免惹禍上身，於是毀掉原本寫好的草稿。因此《後漢書》只留下「本紀」和「列傳」的部分。

西晉人，是晉朝的貴族，也是出名的文學家、史學家。他從小好學，博學多聞，曾經寫過一本《續漢書》。因為范曄在前人版本中，比較欣賞司馬彪的版本，所以當南朝梁的劉昭替《後漢書》作了第一次的注釋版本時，「志」的部分就用司馬彪《續漢書》的八卷補上。

唐朝的章懷太子李賢，是唐高宗和武則天的兒子，但後來不幸早死。他曾召集了一批學者一起為范曄的《後漢書》作注解，解釋得相當清楚。現今的《後漢書》，就是採用他注解的版本。

范曄一生的仕途走得起起伏伏，最後竟將生命葬送於詭譎莫測的政變風雲中。

398 年

范曄在這一年出生，出生時母親不小心讓磚頭撞傷他的額頭，留下疤痕，而得到「塼」的小名。他生長於士族家庭中，家學淵源深厚，所以從小接受良好教育，飽讀詩書。加上天資聰慧，少年時就以學問淵博、富有文才而享有盛名。

432 年

420 年，劉宋建國後，范曄到劉裕之子彭城王劉義康的手下擔任官職。432 年的冬天，彭城王劉義康的母親逝世，范曄也協助喪禮的舉行，但某一晚，他竟然呼朋飲酒，還開窗聽輓歌以為娛樂，完全踰越了禮法。事情傳到劉義康耳中，他勃然大怒，就請宋文帝把范曄貶到宣城。

生為士族

違禮遭貶

相關的時間

著後漢書

謀反罪死

432 ～ 445 年

被貶到宣城後，范曄內心常感到懷才不遇的痛苦，於是開始從事《後漢書》的編寫工作，研究東漢一朝的發展狀況，想藉由歷史研究探尋人生中難以解決的疑問。而他對史事的反省與思考，都反映在他精采的論贊文字中。

445 年

宋文帝和彭城王劉義康雖為兄弟，但劉義康權力太大，宋文帝擔心他有謀反意圖，於是一再打壓劉義康的勢力，兩人關係十分緊張。444 年，劉義康和他的部下暗中籌劃政變，范曄作為從前的部屬，也被捲入這場政變鬥爭中。但消息走漏，隔年宋文帝就以謀反罪名誅殺范曄，而他的三個兒子也同時被殺。遺憾的是，《後漢書》因此來不及完成，留下殘篇。

384 ～ 409 年

383 年的淝水之戰，東晉不僅重挫苻堅的軍隊，也動搖了前秦的政權。原本在 369 年投靠苻堅，受到苻堅禮遇和重用的前燕貴族慕容垂，於 384 年趁機叛離，自立後燕政權。但 409 年便被劉裕滅國。右圖描繪的便是慕容垂投靠前秦時，苻堅親自在郊外迎接，並封他為將軍的場景。出自明刊本《東西晉演義》插圖。

TOP PHOTO

後燕興亡

409 ～ 416 年

劉裕北伐

東晉末年，劉裕憑著輝煌戰績和 403 年擊敗篡位者桓玄的功勞，掌握東晉朝政，力抗北方政權的威脅。409 年，南燕軍隊南侵，劉裕便率軍北伐，順利滅了南燕。416 年又趁後秦內政混亂時，大軍北伐，滅了後秦。劉裕的北伐，維護中國南方的經濟發展和人民安全，為南朝的發展打下良好基礎。

宗室相殘

元嘉之治

TOP PHOTO

453 年

太子劉劭發動宮廷政變，殺死他的父親宋文帝劉義隆。宋文帝的三兒子武陵王劉駿立刻舉兵討伐劉劭，並殺了他。劉駿也被眾人推舉，當上孝武帝。劉宋為搶奪帝位而骨肉相殘的事件從此越演越烈，使國勢日漸衰弱。

424 ～ 453 年

424 年宋文帝劉義隆即位。他在位三十年，延續宋武帝的治國理念，努力推動制度改革，加上戰爭減少，人民生活漸漸安穩，經濟、文化也日漸興盛，而有繁榮的盛世景象，因為他以「元嘉」為年號，所以史稱「元嘉之治」。上圖為宋文帝元嘉年間所鑄造的「四銖錢」。廣西錢幣博物館藏。

以《後漢書》為人所知的范曄，他的才能究竟在哪些事物上得到顯露，綻放出耀眼光芒呢？

琵琶本來是胡人騎在馬上時彈奏的樂器，「枇」和「杷」是它的兩種彈奏技法。所以在漢朝稱它為「枇杷」，大約在魏晉時期才稱為琵琶。范曄善於彈奏琵琶，某次宴會，宋文帝請求范曄為他的歌唱伴奏，他只好奉旨彈奏。但當皇帝一唱完，他便立即停止演奏，不願多彈。左圖為南朝時期的百釉陶彈琵琶女俑，上海市博物館藏。

TOP PHOTO

琵琶

相關的事物

和香方

嫡庶之別

魏晉時期，文人喜好用香薰衣，因此香料學十分興盛。范曄曾寫了一篇〈和香方〉，記載各種香料的特點與使用方式。不過因為范曄對官場上的醜陋人性和文化感到不以為然，於是在這篇文章裡巧妙的利用各種香料的特性，拿來比喻自己和同事們的人格特質，暗暗嘲諷當朝的官員。

中國古代婚姻實行一夫一妻多妾制度，妻和妾的地位並不平等，連她們所生的小孩地位也大不同，有不可踰越的「嫡庶之別」。「嫡」是指正妻所生的子女，「庶」指妾所生的子女。范曄雖然生於士族家庭，但他是妾生的庶子，因此在家中地位並不高，不受父親喜愛。

文筆之辨

文筆之辨是對文體分類的討論，是中國文學研究中重要的一環。漢朝的人開始關心「文學」的定義，而魏晉的人更肯定純粹文藝創作的美學價值，注意到純文學和公文文書的實用性質的差別，形成「文」、「筆」的區分。范曄在〈獄中與諸甥姪書〉中便指出，南朝宋文學家顏延之是第一個提出「文」、「筆」對立概念的人。

紀傳體

紀傳體是由司馬遷首創的史書寫作體例，是以人物傳記為主軸，依照個人的生平經歷來撰寫歷史。自從《史記》之後，成為中國歷代史書主要依據的編寫方式。范曄在寫《後漢書》時曾對《春秋》的編年體和《史記》的紀傳體進行過比較，他認為用紀傳體來寫歷史，比起編年體，可以更全面的反映歷史原貌，提供給後人更多資料。

列女傳

西漢劉向開創為婦女立傳的先例，寫成《列女傳》一書。范曄則是首次將〈列女傳〉放入正史中，之後各朝正史也都繼承這個書寫體例。例如范曄在《後漢書》中記錄了東漢才女蔡琰不幸被胡人擄走，多年後終於回鄉的故事。右圖為明朝仇英所繪〈文姬歸漢圖〉，描繪的就是蔡琰告別匈奴王和兒子，準備回到中原的情節。

TOP PHOTO

論贊

論贊是撰寫歷史者用來評論歷史、抒發個人意見的一種文體。范曄在撰寫《後漢書》時，常用論贊進行議論，似乎有意把史論當作寫作的重心，便成為《後漢書》的特色之一。他的論贊常有獨到的見解，加上文辭優美，相當受到後人的讚賞，認為是「四史」中表現得最出色的。

生長於晉、宋之交的范曄，幾乎在當時的重要地區都留下過足跡。

范曄的祖籍是河南順陽（今河南省淅川縣李官橋鎮），因為位在順水之北方而得名。范氏家族在魏晉南北朝時是當地相當重要的士族，歷代有許多人當官，享有一定的文化和政治權力。

在經歷過西晉永嘉之亂後，范家移居到會稽山陰（今浙江省紹興市），范曄也在這裡出生。山陰縣因位在會稽山之北方而得名，是會稽郡內的大縣。東晉時期會稽已經是人口繁多、商業興盛的重要地點。

江蘇省揚州市地處長江下游，交通便利，商業發達。在東晉、南朝時具有非常重要的軍事和經濟地位，多由宰相、重將或是皇室貴族兼任揚州刺史。范曄的上司彭城王劉義康和始興王劉濬都曾擔任過揚州刺史的職務。

河南順陽

會稽山陰

相關的地方

揚州

建康

劉宋定都於建康（今江蘇省南京市），它是南方的政治、經濟和文化中心。秦淮河兩岸遍布手工業作坊和商業市集，商業相當發達。自劉宋起，南朝四朝都以建康為國都，因為佛教信仰興盛，建康城內大肆興建許多精美的佛寺，足見佛教文化在中國的發展和影響。

范曄因為在劉義康母親喪禮期間的違禮行為，被貶至宣城（今安徽省宣州市）當太守。在宣城期間他開始撰寫《後漢書》，也因此有人稱他「范宣城」。宣城位於安徽省的東南方，東臨江蘇和浙江。宣城風景優美，唐朝詩仙李白寫入詩中的敬亭山和桃花潭是當地著名景點之一。右圖為桃花潭。

TOP PHOTO

宣城

南下邳

范曄曾擔任南下邳郡的太守。東晉南渡後，政府採用原本北方地名設立了許多僑郡，讓北方移民統一居住，以便管理。位於長江以北的下邳（今江蘇省邳州市）並非東晉初期的領土，而新設置的南下邳郡則隸屬於南徐州（今江蘇省鎮江市一帶）的管轄內，之後南下邳郡又改併入南彭城郡內。

宜都

湖北省宜昌市的宜都位於長江中游的南岸（右圖）。范曄的兄長范晏曾經擔任宜都太守，而范曄的嫡母也隨著范晏在宜都生活。當嫡母逝世於宜都時，范曄按理應立刻趕去奔喪，但他因為和嫡母感情不親，所以拖延了時間才上路。這種違禮的行為，讓他遭到眾人的批評。

TOP PHOTO

漢桓帝

　　東漢末年，皇帝在位的時間都不長。於是，皇后母家的外戚擁立年幼皇帝，並由外公、舅舅等把持朝政，等到皇帝成年後，為了不想當傀儡，就倚靠宦官的力量來剷除外戚，使得宦官坐大掌權，這樣惡性循環的局勢不斷上演。

　　梁太后原本是東漢第八任順帝的皇后，順帝三十歲崩逝後，梁家人接連迎立了兩歲的漢沖帝和八歲的漢質帝，梁太后雖然不是他們的母親，卻穩坐太后位置，和國舅梁冀掌握天下權力。

　　東漢桓帝劉志原本是蠡吾侯，梁太后正打算把妹妹嫁給他。當他抵達京城迎親的時候，卻傳來年僅八歲的漢質帝駕崩的消息。國舅梁冀為了把持朝政，決定選擇年輕好控制的蠡吾侯劉志接位。他登基時只有十五歲，身邊除了梁太后的妹妹梁皇后，只有太監陪伴。

　　這樣的情勢為後來桓帝與太監發難殲滅梁氏一族埋下了種子。桓帝再次步上前幾位皇帝的後塵，倚靠太監的力量壓倒外戚，奪回

梁太后徵帝到夏門亭，將妻以女弟。會質帝崩，太后
遂與兄大將軍冀定策禁中，閏月庚寅……其日即皇帝
位，時年十五。──《後漢書·孝桓帝紀》

大權。但撲滅梁氏外戚後，他首次將太監封官爵，提升宦官的地位，
導致宦官權傾天下。而桓帝則變本加厲的開始享受奢華生活，後宮
的人數幾乎達到歷代之冠！

　　雖然桓帝曾經接受幾個大臣的建議，放一些宮女出宮，但是比
起他龐大的後宮，還是小巫見大巫。桓帝總共有三個皇后，元配梁
皇后在梁氏垮臺之前已過世，梁氏一垮，立刻封新寵的鄧猛為后。
沒過幾年，厭倦了年紀大的鄧皇后，但是他所寵愛的幾個女子出身
太低，只好先立貴族之女竇妙為后，藉以同時提升其他美女的地位。

　　由於幾個皇后都善於嫉妒，偷偷毒害懷孕的嬪妃，擁有無
數妻妾的桓帝，一個兒子也沒有。他長年沉浸享樂，才三十幾
歲，就因為身體太過屢弱而駕崩了。皇帝無子，朝政的權力掌
握在外戚竇氏身上，就這樣，東漢外戚與太監無休止的鬥爭又
再展開。

司隸校尉李膺等二百餘人受誣為黨人，並坐下獄，書名王府。——《後漢書·孝桓帝紀》

其實，十五歲登基的桓帝，從質帝被毒死的事件中，早就明白自己的地位，只是梁家人的傀儡。想想梁冀連八歲小孩都能下毒手，更何況是他呢？他不但親近寵愛新娶的梁皇后，還大量厚賞封爵，盡量滿足國舅梁冀的虛榮和權力欲望，連梁冀的夫人孫壽都受封爵位。然而，梁冀不但不收斂，還變本加厲，與妻子競爭財富，在道路的兩邊蓋起高樓大廈，雕梁畫棟、鑲以珍珠寶玉，窮極奢欲，連皇帝前去拜訪，也只有稱讚的份，敢怒不敢言。

梁冀還進一步干涉皇帝任免官員的權力，天下簡直只知道有國舅梁氏一家，不知道有皇帝了。桓帝對梁冀掌握大權的行為越來越不滿，一直等到梁太后和梁皇后死後，桓帝聯合宦官單超等五人一舉殲滅了梁氏，五人同日

被封侯，稱之為「五侯」。從此以後，宦官的地位一躍而從皇宮內院進入朝堂，不但能封官掌政，還能收賄賣官。

桓帝深深痛惡梁氏，放任宦官大動作搜捕梁氏家族，導致宦官有機可乘。宦官趁著撤換梁氏人馬的機會，把他們的家僕、家人、朋友等，全安排進各級機關擔任官員。這些人只知道趨炎附勢，哪裡有治理地方、處理政務的才能？當然盡力享受權力、搜刮財富，使得人民怨聲載道。

一批太學生看到朝政敗壞，便要求朝廷整肅宦官、改革政治。這些詔書被宦官們攔截了，懷恨在心，他們一方面自卑自己沒有知識分子的才能，一方面仰仗皇帝的寵信，打算找機會報復。

後來，因為司隸校尉李膺捕殺宦官的人馬，宦官誣告知識分子們結黨營私，意圖謀反，桓帝大怒，下令逮捕替李膺請願的太學生兩百餘人，這是第一次黨錮之禍。

李膺

　　李膺是潁川襄城人，祖父和父親都曾在朝為官，既是官宦子弟，也是書香世家出身。他的性格耿直嚴正，只與品性端正的人來往。

　　桓帝聽說他的才能，起用李膺去邊關鎮守，所到之處，羌人自動歸還擄掠的男女牛羊。他的威名遠鎮邊關，於是升任河南尹，等同於首都洛陽的市長。

　　當時有名的知識分子荀爽，曾經因為拜訪李膺，順道為他駕車而感到高興，回來後向人誇耀說：「今天總算為李膺駕車！」可見在天下讀書人的心中，李膺的地位有多麼崇高。後來，天下人皆以人中英傑來稱呼以李膺為首的八人，號稱「八俊」。

　　現今常比喻通過國家考試為「鯉魚躍龍門」。其實「登龍門」原來是東漢時期，李膺成為當時國家公立教育單位「太學」的太學生們心目中的「天下楷模」，這些太學生都是官宦書香世家的飽學知識分子，只等待機會接受朝廷的聘用。他們崇敬李膺，人人以被李膺接待過為榮，把去過他家拜訪的人，視為「登龍門」。

是時朝庭日亂，綱紀穨阤，膺獨持風裁，以聲名自高。
士有被其容接者，名為登龍門。 ——《後漢書·李膺傳》

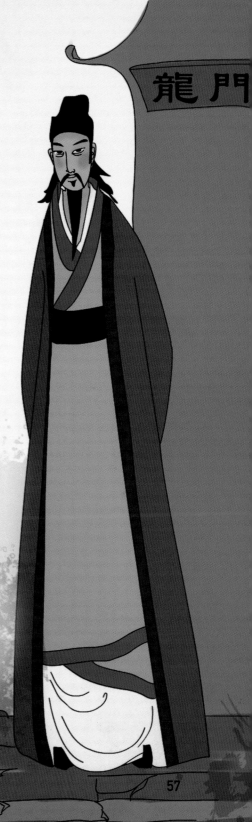

　　流傳到後來，才與黃河龍門地帶河床下陷、魚群逆水而上的情
境相連結，認為能夠躍過激流的鯉魚就會化成龍，變成現今的意涵。

　　不過，樹大招風，耿直的李膺得罪的宦官太多，身為天下士子
的領袖地位又招人忌恨，終於給自己惹來了大禍。

　　李膺擔任河南尹的時候，彈劾了一位貪官，恰好是宦官的黨羽，
這位貪官當然立刻找宦官幫忙，使得李膺遭受誣告的命運而第一次
下獄。直到眾多大臣上書進言才被免除罪刑，重新擔任管理首都安
危的司隸校尉。

　　後來，李膺又因為逮捕宦官的黨羽張成父子，惹怒當權宦官，
再次遭致誣陷，桓帝親自下令搜捕亂黨，終於引起第一次大肆搜捕
知識分子的行動，這個行動牽連了范滂、杜密等兩百餘人，隔年雖
然大赦天下，但兩百餘人都遣送回鄉，終身不能再出仕任官。

自此諸黃門常侍皆鞠躬屏氣，休沐不敢復出宮省。帝怪問其故，並叩頭泣曰：「畏李校尉。」

——《後漢書‧李膺傳》

西漢武帝時獨尊儒術，天下讀書人都成為孔孟的學生，儒學成為統一的思想，讀書人也都自稱「儒生」。到了宣帝的時候，曾經針對從前被秦始皇焚毀的儒家經典，召集學者儒生講談辯論。當時，人們開始把想法觀點一樣的儒生，稱為「朋黨」，而不同見解的人，就成為「異己」。《後漢書》的作者范曄，把這種聚集朋黨，撻伐異己的情況就稱做「黨同伐異」。

這也就是為何東漢時期，許多對時勢不滿，力圖一改頹靡朝政的儒生，被稱為「黨人」。而作威作福的宦官大肆逮捕儒生的行為，被歷史上稱做「黨錮之禍」的原因了。「錮」就是囚禁、關押的意思。

李膺擔任司隸校尉時，宦官張讓的弟弟在地方當縣長，聽說嚴正的李膺當了他的上司，嚇得逃跑。原因是他在任

內為非作歹，欺侮百姓，甚至殺害孕婦。

李膺怎麼可能放過他？於是以迅雷不及掩耳的速度帶兵衝進張讓的府第，砍破夾層密室，捉拿張朔回去審問並判死刑。

張讓懷恨，跑去向桓帝哭訴，桓帝便召李膺上殿詢問為何先斬後奏？李膺引經據典，振振有詞，把桓帝說得啞口無言，只好跟張讓說：「這件事情是你的弟弟做錯了。」此後，那些作威作福的宦官們，連放假都不敢出宮，就怕有什麼把柄被正氣凜然的李膺抓到。

可是如此一來，以李膺為首的這些知識分子就得罪了宦官。宦官雖然暫時怕他，卻個個恨得牙癢癢的，打算找機會陷害他們。

在第一次黨錮之禍平息後，宦官們見李膺、杜密等名望仍在，不肯罷休，於是向靈帝進讒言，誣陷黨人「欲圖社稷」，意圖謀反。年僅十四歲的漢靈帝被他們欺騙，因而大興大獄，百餘人被下獄處死。在各地陸續被逮捕、殺死、流徙、囚禁的士人達到六、七百名，是第二次黨錮之禍。

范滂

　　蘇東坡年少時期，讀到《後漢書》的時候，非常佩服范滂的為人，視為典範，甚至詢問母親說：「我將來想學做范滂那樣的人，母親覺得如何？」蘇母程氏才識德行極高，聽到兒子這麼說，高興的說：「如果你可以當范滂，那麼我也願意學范滂的母親。」

　　能夠讓北宋大才子如此佩服的人，到底有什麼過人之處？

　　原來，范滂是東漢人，字孟博，汝南征羌人。是個嫉惡如仇，品性高潔的人。出生於漢順帝時期，成長於漢朝政局動盪的時代。

　　范滂入朝為官時，正是宦官權傾朝野，欺壓朝臣百姓，皇帝被蒙蔽的時候。最有名的幾位大宦官，有桓帝時以單超為首的「五侯」，也有靈帝時作威作福的十二個宦官「十常侍」。

　　范滂為官清廉，賞罰分明，他有「慨然澄清天下之志」的理想。專門打擊仗勢欺人的豪強仕紳，曾經有貪官汙吏聽說范滂將要來查辦貪官，丟下官服官印落荒而逃。他的清明與品德，與當時七位知名的高士被人稱呼為「八顧」，意思就是他們高超的品性能吸引人

滂登車攬轡，慨然有澄清天下之志。及
至州境，守令自知臧汙，望風解印綬去。

——《後漢書·范滂傳》

的回顧和景仰。

　　梁氏垮臺的時候，漢桓帝曾經短暫下令整頓吏治，朝廷大舉撲
滅梁氏外戚手下的貪官汙吏，由太尉黃瓊主事，范滂一口氣彈劾了
二十餘人，尚書接到他的彈劾文書，質疑他是不是會趁機報以前的
私仇？

　　范滂說：「我所彈劾的對象都是有真憑實據危害百姓的貪官汙
吏，只是因為時間緊迫，先舉出這些人，還有更多尚未查明真相的
惡人需要進一步調查。我聽說農夫除去田裡的雜草，收成的豐美稻
穗必定茂盛。忠臣除去敗壞民風朝政的壞官員，王道才得以彰顯，
吏治才能夠清明。如果我是有私心的，願意接受法律的制裁。」

　　這番大義凜然的剖析，展現了他的氣度和節操，也使他聲
名大噪，被歸為李膺一
派的名流士子，成為宦
官黨羽的眼中釘。

母曰：「汝今得與李、杜齊名，死亦何恨！既有令名，復求壽考，可兼得乎？」滂跪受教，再拜而辭。

——《後漢書·范滂傳》

　　靈帝建寧二年，發生第二次黨錮之禍。宦官們對李膺等厭惡到極點，恰好接位的靈帝，比前任桓帝還更信任宦官。於是宦官唆使靈帝，每次頒下詔書，都重申不可以任用黨人為官員的命令。接著，又暗示太監的黨羽官員上書奏報，說李膺、范滂等人都是奸黨。年僅十四歲的靈帝問太監總管：「什麼是奸黨？他們有什麼罪惡？」太監說：「就是亂黨，他們互相勾結，準備推翻政府。」

　　靈帝一聽，立刻下令搜捕黨人。當時有人趕緊通知李膺快逃跑，李膺卻說：「做事不推辭、遭罪不躲避，這是身為臣子的責任。」當時，李膺已經六十歲，還是到監獄報到，接受酷刑而死。

　　捉拿黨人的詔書到了汝南郡，郡縣長官知道范滂是好人，又不能違背皇命，就關閉屋門大哭。范滂聽聞這一切，就說：「這一定是捉拿我的詔書來了。」他也想學李膺一樣坦然去監獄報到。縣令

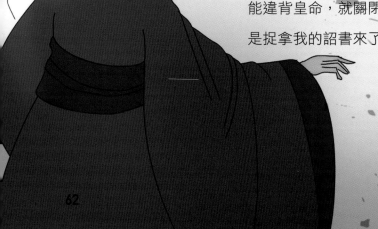

嚇一跳，趕緊脫下官服，想要辭官和他一起逃亡。范滂推辭了，並說：「我個人遭罪而死，怎麼敢連累你呢？也不願因為我逃亡而害年老的母親流離失所啊！」

於是縣令只好遵從他的意願，並讓他與母親家人辭別。

范滂的母親非但沒有悲傷，反而教導他：「你今天能夠和人中英傑李膺、杜密兩位大人並列齊名，就算為了理念而死又有什麼遺憾？名聲氣節和苟且求活是不能並存的。」

范滂聽從母親的教訓，一再叩拜，並交代弟弟好好奉養母親，接著又對兒子說：「我要教你作惡，可是惡是不能做的；我想要你為善，可是我生平並沒有做過惡，卻得到了這樣的下場。」身邊的人聽了，都哭成了一片。

當時，因為黨錮之禍牽連而死的，有一百餘人。天下的知識分子、學者，一律被宦官指控為黨人。甚至與宦官及其黨羽曾經有私人怨恨過節的，都被乘機報復牽連，除了處死，放逐、罷黜、奪權等約有六、七百人。

張讓

　　古時候，皇帝為了傳接子嗣，娶了很多的嬪妃。因為後宮都是女性，為了避免混亂皇家血統，在後宮從事勞役的僕人，除了宮女以外，就是沒有生育能力的太監。

　　這些太監掌管皇宮內部事務，稱為宦官。無論他們職位有多高，與皇帝多親近，都不可以從事朝廷工作，更不能封賞爵位，與朝廷的大臣平起平坐。然而，這只是表面上的禁令。事實上，只要國家朝政一亂，這些沒有生育能力的宦官，就會想擁有更多的金錢和權力，甚至認大臣為養子，培養自己的勢力。

　　靈帝時候的張讓、趙忠等十二個宦官，都任職中常侍。被稱為「十常侍」，也是范滂等高節賢臣最為深惡痛絕的。

　　張讓原本是漢桓帝時的小黃門太監，因為參與五侯誅殺梁室外戚有功，與趙忠同時被封侯。雖然沒有單超等五人那樣位高權重，卻也狐假虎威，安排自己的親人朋友在地方為官。

　　傳說張讓與桓帝年紀相仿，感情非常好。譬如張讓的弟弟在地

是時讓、忠⋯⋯十二人，皆為中常侍，封侯貴寵，父
兄子弟布列州郡，所在貪殘，為人蠹害。

—《後漢書·張讓傳》

方為非作歹，被李膺殺了，他就立刻進宮向桓帝告狀，可見他完全
無視法令規則，只依仗皇帝的寵愛。雖然這次桓帝懼於李膺的凜然
正氣，但桓帝也僅止於口頭責備張讓，不曾給予另外的責罰，可知
桓帝還是比較偏袒身邊的宦官，甚過於外臣。

　　張讓的地位在桓帝時代還是小黃門，到了靈帝時，因與竇太后
關係良好，漸漸成為權力的核心——「十常侍」。他們不但在皇帝
身邊進讒言，建立奢華的宮殿，還大量買賣官職，將皇帝蒙在鼓裡。

　　張讓和有錢的富豪勾結，與十常侍幾位太監都在宮外興建華麗
的宅邸，比皇宮還要高大。有一次，皇帝想上永安宮的瞭望臺遠望，
太監怕皇帝看見那些宅邸，就由皇帝最信任的張讓和趙忠勸皇帝說：
「天子不應該登高，爬太高民心就會失散。」靈帝信以為真，從此
不再登高。

常云：「張常侍是我公，趙常侍是我母。」

——《後漢書‧張讓傳》

　　靈帝光和六年，東漢的天下已經動盪不安，民變四起。其中的最大勢力便是以太平教起義的張角，前後十餘年間，信徒多達十萬人。朝廷公開下令追捕捉拿，但成效都不好。有一位官員張鈞，上書給靈帝說：「天下大亂，是因為陛下身邊的十常侍，派出父兄子弟、親戚朋友等黨羽去各郡縣當官，危害百姓。官府不可信任，人民苦不堪言，所以依附盜賊。如果能逮捕十常侍，天下民心自然會歸向朝廷，黃巾賊不攻自破。」

　　張讓等宦官看了，大為驚恐，苦苦哀求靈帝。靈帝原本相信張鈞的話，但看他們可憐的樣子，想起平常與宦官的交情。靈帝幼年即位，對太監的感情深厚，還曾經說過：「張讓是我父親、趙忠是我母親。」這樣違背常理的話來。就在要治罪宦官的當下忽然反悔，大怒指責張鈞：

「難道朕的身邊沒有一個好人？」

　　於是宦官趁機誣告張鈞就是黃巾賊，靈帝居然相信，致使張鈞下獄而死。

　　後來，捉拿叛軍的人從黃巾賊手中竟然搜捕到張讓與黃巾賊來往的書信，靈帝也只是大發一場脾氣責備張讓。但是當靈帝一看到張讓叩頭謝罪的樣子，又不忍心懲罰他了。

　　靈帝死後，掌握重兵的外臣與手握權力的外戚互相爭鬥，災禍眼看就要瀰漫到宮廷裡來。當時，無論對外臣或是外戚而言，誰能挾持繼位的皇帝，誰就等於掌握天下權力。事到臨頭，張讓和趙忠帶著靈帝的兩個兒子──十四歲的劉辯和九歲的劉協。一手牽著、一個背著，連夜逃出皇宮，沒有任何一個官員跟隨，可惜到了黃河岸邊還是被追兵趕上，逼迫他們自殺。

　　張讓一輩子作威作福，享樂無度，到了此刻卻淒涼無比。他無奈之餘，只好叩別劉辯：「請陛下保重！」最後投河自盡

當後漢書的朋友

即使漢朝曾經為王莽所篡，但是劉秀在亂世裡崛起，建立了東漢，回到安定的時局，締造了光武中興。因此，也才有日後開創又一個漢朝盛世的明章之治。不僅再次征討匈奴、開拓北方邊疆，恢復了與西域各國的聯繫；更重要的，是百姓生活安穩，不需為戰亂所苦。這就是東漢興起的故事，詳細記錄在《後漢書》中。

可惜的是，後來的皇帝與大臣，無法維持先祖所留下的偉業。當年幼的皇帝即位，身旁的外戚便虎視眈眈，藉由輔助皇帝執政，進而掌握國家大權。等到皇帝長大了，便經由身邊最親近的宦官協助，除去外戚。皇帝把宦官當成朋友，便任由他們干涉國家的決策，殺掉忠誠的大臣，也造成百姓的痛苦。從此以後，皇宮裡不斷上演這齣戲碼，東漢也在這樣的情況下，慢慢衰敗。這是東漢沒落的故事，也詳細記錄在《後漢書》中。

當《後漢書》的朋友，你可以看到曾經稱霸一時的朝代，如何走向滅亡。你可以看到識人不明的漢桓帝，只願意相信與自己最親近的宦官，而不相信其他建言；你可以看到正直誠實的大臣如李膺、范滂，明知道自己無法改變時局，卻一點也不害怕，像是黑暗世界裡的一盞燈，讓後世的人們都為了這樣的真誠而感動。

當《後漢書》的朋友，你會發現，每個朝代總是如此，總是有時燦爛有時衰微；你也會發現其實人也是如此，若是聽不進任何實話，只願意活在自己的世界裡，終究會付出代價。

我是大導演

看完了後漢書的故事之後，
現在換你當導演。
請利用紅圈裡面的主題（東漢），
參考白圈裡的例子（例如：小皇帝），
發揮你的聯想力，
在剩下的三個白圈中填入相關的詞語，
並利用這些詞語畫出一幅圖。

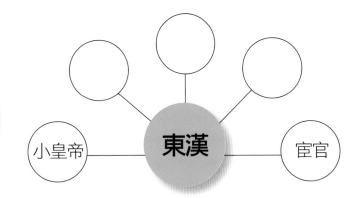

◎ 少年是人生開始的階段。因此，少年也是人生最適合閱讀經典的時候。

　　因為，這個時候讀經典，可以為將來的人生旅程準備豐厚的資糧。

　　因為，這個時候讀經典，可以用輕鬆的心情探索其中壯麗的天地。

◎ 【經典少年遊】，每一種書，都包括兩個部分：「繪本」和「讀本」。

　　繪本在前，是感性的、圖像的，透過動人的故事，來描述這本經典最核心的精神。

　　小學低年級的孩子，自己就可以閱讀。

　　讀本在後，是理性的、文字的，透過對原典的分析與說明，讓讀者掌握這本經典最珍貴的知識。

　　小學生可以自己閱讀，或者，也適合由家長陪讀，提供輔助說明。

001 左傳　春秋時代的歷史
The Chronicle of Tso: The History of the Spring and Autumn Period

故事／林安德　原典解說／林安德　繪圖／柳俏

三公交會，引發了什麼樣的政治危機？兩個謀士互相鬥智，又造就了一段什麼樣的歷史故事？那是一個相互兼併與征伐的時代，同時也是個能言謀士輩出的時代。那些鬥爭與辯論，全都刻畫在《左傳》中。

002 史記　史家的絕唱
Records of the Grand Historian: The Pinnacle of Chinese Historiography

故事／林怡君　原典解說／林怡君　繪圖／袁靜

李廣「飛將軍」面對匈奴大軍毫無懼色，為漢朝立下許多戰功，卻未能獲得相稱的爵位，最後抱憾而終。從黃帝到漢武帝，不論是帝王將相、商賈名流，貫穿三千多年的歷史，《史記》成為千古傳頌的史家絕唱。

003 漢書　中原與四方的交流
Book of Han: Han Dynasty and its Neighbors

故事／王宇清　原典解說／王宇清　繪圖／李遠聰

張騫出使西域，不僅為漢朝捎來了塞外的消息，也傳遞了彼此的物產與文化，開拓一條史無前例的通道，成就一趟偉大的冒險。他的西域見聞，都記錄在《漢書》中，讓大家看見了草原與大漠，竟然是如此豐富美麗！

004 列女傳　儒家女性的代表
Kao-tsu of Han: The First Peasant Emperor

故事／林怡君　故事／林怡君　繪圖／楊小婷

她以身作則教孩子懂得禮法，這位偉大的母親就是魯季敬姜。不僅連孔子都多次讚許她的美德，《列女傳》更記錄下她美好的德行，供後世永流傳。《列女傳》收集了中國歷代名女人的故事，呈現不同的女性風範。

005 後漢書　由盛轉衰的東漢
Book of Later Han: The Rise and Fall of Eastern Han

故事／王蕙瑄　原典解說／王蕙瑄　繪圖／李莎莎

《後漢書》記錄了東漢衰敗的過程：年幼的皇帝即位，而外戚掌握實權。等到皇帝長大了，便聯合身邊最信任的宦官，奪回權力。漢桓帝不相信身邊的大臣，卻事事聽從奸言蜜語的宦官，造成了嚴重的「黨錮之禍」。

006 三國志　三分天下始末
Record of the Three Kingdoms: The Beginning of the Three Kingdoms Period

故事／子魚　原典解說／子魚　繪圖／Summer

曹操崛起，一統天下的野心，卻在赤壁遭受挫折，僅能雄霸北方，留下三國鼎立的遺憾。江山流轉，近百年的分裂也終將結束，西晉一統三國，三國的分合，盡在《三國志》。

007 新五代史　享樂亂政的五代
New History of the Five Dynasties: The Age of Chaos and Extravagance

故事／呂淑敏　原典解說／呂淑敏　繪圖／王韶薇

李存勗驍勇善戰，建立後唐，史稱後唐莊宗。只是他一上任後就完全懈怠，和伶官一起唱戲作曲，過著逍遙生活。看歐陽修在《新五代史》中，如何重現後唐莊宗從勤奮到荒唐的過程。

008 資治通鑑　帝王的教科書
Comprehensive Mirror for Aid in Government: The Guidance for Emperors

故事／子魚　原典解說／子魚　繪圖／傅馨逸

唐太宗開啟了唐朝的黃金時期。從玄武門之變到貞觀之治，這條君王之路，悉數收錄在《資治通鑑》中。翻開《資治通鑑》，各朝各代的明君賢臣、良政苛政，皆蒐羅其中，成為帝王治世不可不讀的教科書。

◎ 【經典少年遊】，我們先出版一百種中國經典，共分八個主題系列：

詩詞曲、思想與哲學、小說與故事、人物傳記、歷史、探險與地理、生活與素養、科技。

每一個主題系列，都按時間順序來選擇代表性的經典書種。

◎ 每一個主題系列，我們都邀請相關的專家學者擔任編輯顧問，提供從選題到內容的建議與指導。

我們希望：孩子讀完一個系列，可以掌握這個主題的完整體系。讀完八個不同主題的系列，

可以不但對中國文化有多面向的認識，更可以體會跨界閱讀的樂趣，享受知識跨界激盪的樂趣。

◎ 如果說，歷史累積下來的經典形成了壯麗的山河，那麼【經典少年遊】就是希望我們每個人

都趁著年少，探索四面八方，拓展眼界，體會山河之美，建構自己的知識體系。

少年需要遊經典。

經典需要少年遊。

009 蒙古秘史　統一蒙古的成吉思汗
The Secret History of the Mongols: The Emergence of Genghis Khan
故事／姜子安　原典解說／姜子安　繪圖／李菁菁

北方的草原，一望無際，游牧民族在這裡停留又離去。成吉思汗在這裡出生成長，統一各部族，開創蒙古帝國。《蒙古秘史》說出了成吉思汗的一生，也讓我們看到了這片草原上的故事。

010 臺灣通史　開闢臺灣的先民足跡
A General History of Taiwan: Footprints of the First Pioneers
故事／趙予彤　原典解說／趙予彤　繪圖／周庭萱

《臺灣通史》，記錄了原住民狩獵山林，還有荷蘭人傳教通商，當然還有漢人開荒闢地的故事。鄭成功在臺灣建立堡壘，作為根據地。雖然他反清復明的心願無法實現，卻讓許多人在這裡創造屬於自己家園。

經典
少年遊

youth.classicsnow.net

005
後漢書　由盛轉衰的東漢
Book of Later Han
The Rise and Fall of Eastern Han

編輯顧問（姓名筆劃序）
王安憶　王汎森　江曉原　李歐梵　郝譽翔　陳平原
張隆溪　張臨生　葉嘉瑩　葛兆光　葛劍雄　鄭培凱

故事：王蕙瑄
原典解說：王蕙瑄
繪圖：李莎莎
人時事地：李佩璇

編輯：張瑜珊 張瓊文 鄧芳喬
美術設計：張士勇
美術編輯：顏一立
校對：陳佩伶

企畫：網路與書股份有限公司
出版者：大塊文化出版股份有限公司
台北市10550南京東路四段25號11樓
www.locuspublishing.com
讀者服務專線：0800-006689
TEL：+886-2-87123898
FAX：+886-2-87123897
郵撥帳號：18955675
戶名：大塊文化出版股份有限公司
法律顧問：全理法律事務所董安丹律師

總經銷：大和書報圖書股份有限公司
地址：新北市新莊區五工五路2號
TEL：+886-2-8990-2588
FAX：+886-2-2290-1658
製版：沈氏藝術印刷股份有限公司

初版一刷：2013年4月
定價：新台幣299元